기독교문서선교회 (Christian Literature Center: 약칭 CLC)는 1941년 영국 콜체스터에서 켄 아담스에 의해 시작되었으며 국제 본부는 미국 필라델피아에 있습니다. 국제 CLC는 59개 나라에서 180개의 본부를 두고, 약 650여 명의 선교사들이 이동도서차량 40대를 이용하여 문서 보급에 힘쓰고 있으며 이메일 주문을 통해 130여 국으로 책을 공급하고 있습니다. 한국 CLC는 청교도적 복음주의 신학과 신앙서적을 출판하는 문서선교기관으로서, 한 영혼이라도 구원되길 소망하면서 주님이 오시는 그날까지 최선을 다할 것입니다.

추천사

황 선 우 박사 (총신대학교 신학대학원 구약학 교수)

예수님 시대에 유대인들이 기대했던 메시아 상과 예수님께서 성취하신 메시아 상에는 큰 차이가 있다. 이 차이를 이해하는 것은 예수 그리스도의 지상 사역을 이해하는 데 매우 중요하다. 월터 브루그만은 유명한 메시아 예언인 이사야 9:6에 기록된 네 가지 메시아의 호칭, 즉 "기묘한 모사," "전능하신 하나님," "영존하시는 아버지," "평강의 왕,"이 예수 그리스도에게 어떻게 적용되는지 차근차근 설명해 준다.

따라서 본서는 구약의 메시아 예언이 신약의 예수님께 어떻게 성취되는지 성경의 본문을 통해 풀이해 줌으로써 성경으로 성경을 해석함의 좋은 본을 보여주는 교재이다.

Copyright © 2016 by Walter Brueggemann
Originally published in English under the title
Names for the Messiah: An Advent Study
by Westminster John Knox Press.
Translated and printed by the permission of Westminster John Knox Press,
100 Witherspoon Street, Louisville, Kentucky, 40202-1396, U.S.A.
All rights reserved.
Korean Edition Copyright © 2018, 2021 by Christian Literature Center, Seoul, Korea.

대림절에 알아보는

메시아의 이름들

월터 브루그만 지음
이옥용 옮김

CLC

대림절에 알아보는 **메시아의 이름들**

2018년 12월 1일 초판 발행
2021년 1월 10일 초판 2쇄 발행

지은이	|	월터 브루그만
옮긴이	|	이옥용
편집	|	변길용, 곽진수
디자인	|	전지혜
펴낸곳	|	(사)기독교문서선교회
등록	|	제16-25호(1980.1.18)
주소	|	서울특별시 서초구 방배로 68
전화	|	02-586-8761~3(본사) 031-942-8761(영업부)
팩스	|	02-523-0131(본사) 031-942-8763(영업부)
이메일	|	clckor@gmail.com
홈페이지	|	www.clcbook.com

ISBN 978-89-341-1885-5 (93230)

이 도서의 국립중앙도서관 출판예정 도서목록(CIP)은
서지정보유통지원시스템 홈페이지(http://seoji.nl.go.kr)와 국가자료공동목록시스템
(http://www.nl.go.kr/kolisnet)에서 이용하실 수 있습니다.
(CIP제어번호: CIP2018032372)
이 책의 저작권은 저자와 (사)기독교문서선교회가 소유합니다. 신저작권법에 의하여
한국 내에서 보호받는 저작물이므로 무단 전재와 무단 복제를 금합니다.

대림절에 알아보는

메시아의 이름들

저자 서문

월터 브루그만 박사

Columbia Theological Seminary 명예교수

"이는 한 아기가 우리에게 났고
한 아들을 우리에게 주신 바 되었는데
그의 어깨에는 정사를 메었고
그의 이름은 기묘자라 모사라
전능하신 하나님이라
영존하시는 아버지라
평강의 왕이라 할 것임이라"(사 9:6).

기독교인들은 처음부터 예수님이 히브리 성경이 예언한 메시아라고 주장해왔다. 예수님의 통치와 함께 하나님과 인류의 관계는 새롭게 규명되기 시작했다. 그 이유 때문에 기독교인들은 히브리 성경을 구약성경이라고 부르곤 한다. 예수님은 구약성경이 이미 말했던 메시아에 대한 기대를 대신하거나, 부인하지 않았다. 예수님은 그것을 성취하셨다. 사람들은 하나님이 일하시기를 기다리고 있었으며, 구약성경의 많은 신탁들은 하나님이 행하실 일들에 대해 예언했다.

그 기대들은 무엇이었으며, 예수님은 그 기대들을 성취하셨는가?

이사야 9:2-7은 잘 알려진 신탁이며, 우리에게 주어진 하나님의 말씀이다. 이 신탁은 6절에서 왕을 지칭하는 네 개의 호칭을 사용하는데, 그것들은 "기묘한 모사"(Wonderful Counselor), "전능하신 하나님"(Mighty God), "영존하시는 아버지"(Everlasting Father), "평강의 왕"(Prince of Peace)이다.

본서는 그 호칭들을 하나씩 깊이 있게 연구할 것이며, 그 당시 사람들은 그 호칭들을 어떻게 이해했으며, 예수님이 그 호칭에 맞는 일을 성취하셨는지 아니면 성취하지 않으셨는지, 그리고 기독교인들이 각 호칭을 갖고 있는 분으로서 예수님을 어떻게 해석했는지에 대해 생각해볼 것이다.

이 호칭들이 성탄절과 예수님의 탄생과 관련해서 사용된 것에 대해 연구해 보면, 두 가지가 명확해진다.

첫째, 신약성경에서 초대 기독교인들이 예수님에 대해 증언할 때, 그들은 오실 메시아에 대한 구약의 "기대"에 크게 의존했다.

둘째, 예수님은 그러한 "기대"에 잘 부응하지 않았으며, 구약의 기대와 실제 육신으로 오신 역사적 예수님의 실체를 연결시키기 위해서는 해석적 상상력(interpretive imagination)이 상당히 많이 요구되었다.

본서는 성경을 개인적으로 묵상하거나 공부할 때, 혹은 그룹으로 공부할 때 사용하도록 만들어졌다.

본서는 각 장을 공부할 때 사용할 수 있는 기도문과 묵상 질문들을 제시하고 있다. 그리고 성경공부에 참여하는 사람들이 답을 쓸 수 있도록 공간도 마련해 놓았다.

역자 서문

이옥용

 먼 옛날 이사야 선지자는 자신의 선지서인 이사야 9:6에서 장차 오실 메시아를 "기묘한 모사," "전능하신 하나님," "영존하시는 아버지," 그리고 "평강의 왕"이라 불렀다. 본서는 이사야가 메시아에게 주었던 네 개의 이름에 대해 간결하면서도 깊이 있게 해설하며, 예수님에 대해 묵상하게 한다.

 월터 브루그만은 네 개의 이름에 각각 하나의 장을 할애하여 해석한 후, 바로 뒤에 신자들이 각 이름에 대해 묵상할 수 있도록 질문을 수록해 놓았다. 그 질문들은 이천 년 전 이 땅에 오셨던 예수님이 구약의 예언을 어떻게 성취했는지에 대해 생각해 보게 할 뿐만 아니라, 현재 교회와 그리스도인 개인의 삶에 적용할 수 있다.

본서는 한 개인이 예수님의 강림에 대해 묵상하기에도 적절하지만, 또한 그룹이 함께 공부하며, 토론하기에도 매우 유용하다. 귀한 책을 번역하고 출간해주신 기독교문서선교회(CLC) 박영호 목사님과 임직원분들께 감사를 드린다.

목차

추천사   황선우 박사 (총신대학교 신학대학원 구약학 교수)
저자 서문   월터 브루그만 박사 (Columbia Theological Seminary 명예교수)   **6**
역자 서문   이옥용   **10**

대림절: 크리스마스 전 4주간

첫째 주 **기묘한 모사**   **13**
           기도문과 묵상 질문들   **33**

둘째 주 **전능하신 하나님**   **38**
           기도문과 묵상 질문들   **55**

셋째 주 **영존하시는 아버지**   **60**
           기도문과 묵상 질문들   **82**

넷째 주 **평강의 왕**   **85**
           기도문과 묵상 질문들   **105**

Wonderful Counselor   첫째 주

기묘한 모사

이는 한 아기가 우리에게 났고 한 아들을 우리에게 주신 바 되었는데 그의 어깨에는 정사를 메었고 그의 이름은 기묘자라, 모사라, 전능하신 하나님이라, 영존하시는 아버지라, 평강의 왕이라 할 것임이라(사 9:6).

1. 이사야가 활동했던 시대의 상황

이사야 9:2-7의 신탁은 헨델(Georg Friedrich Händel)의 "메시아"(*Messiah*) 덕분에 우리에게 잘 알려져 있다. 이 신탁은 예수님을 예상하거나 예고하지는 않았다. 이 신탁이 이사야 선지자가 활동했던 때인 주전 8세기의 상황과 관련이 있다는 데는 의심의 여지가 없다.

예루살렘에서 히스기야가 태어나자, 그 새로운 왕자의 탄생을 선포하고 축하하는 데 이 신탁을 사용했을 수도 있다. 하지만 또한 이 신탁은 새로운 왕의 대관과 관련이 있었을 가능성이 더 높다.

미국에서 새로운 대통령이 취임하면 그때마다 사람들은 기대감을 갖는다. 마찬가지로, 예루살렘에서 새로운 왕의 대관은 번영과 평화와 안정의 새로운 물결에 대한 기대감을 갖게 하는 행사였다. 그런 행사들이 으레 그렇듯이, 대관식에서 그러한 기대감은 과장되게 표현되었을 것이다.

우리의 정치적인 상황을 통해 익숙한 정치적인 약속의 연설과 별로 다르지 않았을 것이다.

그러한 화려한 언어는 바로 왕의 즉위를 경축하는 고대 이집트의 전례를 통해 알고 있는 것처럼, 새로운 왕에 대해 흔히 외치는 전통적인 구호들을 포함했을 것이다. 그래서 예루살렘 왕의 전례 역시 주변 국가들의 대관식 예전과 비슷했을 것이다.

구체적으로 이사야 9:2-7 신탁은 예루살렘의 새로

운 정권이 평화와 번영을 가져올 것을 기대한다. 그것은 "큰 빛"이 비치는 시기이며, 앗수르 제국의 착취 아래 신음하던 "흑암"과 대조를 이룬다.

이 신탁은 오실 왕이 유다를 그 압제로부터 풀어줄 것이라고 예상하며, "무궁한 평화"와 영원한 "정의와 공의"의 새로운 정권을 기대한다(7절).

2. "기묘한 모사" = "지혜로운 통치"

대림절 동안의 네 번의 주일에 대해 연구할 때, 우리는 6절에서 새로운 왕에게 주어진 네 개의 거창한 호칭들에 초점을 맞추게 될 것이다. 이 호칭들 중 첫 번째는 "기묘한 모사"(Wonderful Counselor)이다.

우선 주목해야 할 것이 있다. 헨델은 그의 유명한 오라토리오에서 "기묘한" 뒤에 쉼표를 삽입하는 실수를 했으며, 그 결과 그 어구를 두 부분으로 나누었다는 점이다. 따라서 두 단어는 함께 묶어서 읽어야 하며, "기묘한 모사" 혹은 "기묘의 모사"(counselor of wonders)로 받아들여야만 한다.

"모사"라는 단어는 통치의 실행, 즉 관리하고 계획하고 정책을 실행에 옮기는 능력을 가리킨다. 하나님은 나라 전체의 유익을 위해 계획과 정책을 수립할 것이라고 기대되는 새로운 인간 왕을 부여해 주시며, 그로 인해 찬양을 받으신다.

"기묘한"이라는 단어는 명사인 "모사"를 수식하는 단어이며, 새로운 왕이 특별한 지혜와 선견지명을 가지고 계획을 세우게 될 것이라는 점을 암시한다. 혹은 그 단어는 왕의 계획과 정책이 일반적인 정치적 능력과 관행이나 관습을 모두 뛰어넘는 아주 놀라운, 즉 아주 특별한 성질의 것이 될 것이라는 점을 말해 준다. 그것이 어떤 것이든, 새로운 왕은 왕의 신하들에게 실제적으로 아주 큰 혜택을 가져다주고 놀라운 효과를 가져올 정책을 세우고 실행할 것이라고 기대된다.

실제로 예루살렘에서 주전 8세기 말에 히스기야는 훌륭한 정책들을 실시했으며, 특히 앗수르 군대가 공격해왔을 때 그것을 이겨냈다(사 36-39장). 그러나 히스기야의 통치는 결국은 실망스러운 것임이 증명되었다. 궁극적으로 히스기야는 점점 커져가던 바벨론에게 굴복했으며, 이 엄청난 기대를 저버렸던 것이다(사 39장).

역사의 현실은 예측할 수 없는 성질의 것임을 감안할 때, 그처럼 높은 기대가 사실상 실현될 수 없었던 것은 아마도 당연할 것이다. 나아가 어쩌면 현실은 항상 그런지도 모른다.

그러나 현실이 그렇다고 해서 새로운 왕에 대한 큰 기대감을 갖지 않게 되지는 않는다. 미국의 새로운 대통령에 대해 흥분하는 것처럼, 지도자가 바뀔 때면 언제나 새로운 희망을 갖게 되는 법이니까 말이다.

3. 예수님과 로마 제국

초대교회가 예수님에 대해 증언해야 할 때가 왔을 때, 왕을 "기묘한 모사," "전능하신 하나님," "영존하시는 아버지," "평강의 왕"으로 높여 부른 이 신탁은 초대교회에서 아주 유용했다. 또한 헨델이 예수님의 실재를 구약의 기대와 연관시키는 대작을 내놓을 때도 이 신탁은 아주 쓸모가 있었다.

사람들은 기대하고 있던 메시아를 왕으로 받아들였으며, 그래서 우리가 즐겨 부르는 성탄절 캐럴들도 왕의 이미지로 가득 차 있다. 즉, 그 노래들은 "오래 기다려왔던" 왕이자 그의 백성을 자유롭게 해 줄 왕을 인정했던 것이다.

고대의 히스기야 왕이 앗수르 제국의 위협에 맞서야만 했던 것처럼, 예수님이 이 땅에 오셨을 때의 정치적 상황은 강력한 군대와 그만큼 강력한 징세제도를 가진 로마 제국이 지배했던 암울한 시기였다. 유대인들은 새로운 유대의 왕이 로마의 권력을 이길 것이라고 기대했으며, 그 새로운 유대의 왕은 황제인 "가이사"(Caesar)의 권력에 도전장을 내밀게 되어 있었다. 그래서 누가복음 2:1-20의 성탄절 이야기는 로마의 권력과 지배를 배경으로 하고 있다.

> 그때에 가이사 아구스도가 영을 내려 천하로 다 호적하라 하였으니 이 호적은 구레뇨가

수리아 총독이 되었을 때에 처음 한 것이라 모
든 사람이 호적하러 각각 고향으로 돌아가매
(눅 2:1-3).

"이르시되 때가 찼고 하나님의 나라가 가까이 왔
으니 회개하고 복음을 믿으라"(막 1:15)라는 마가복
음의 최초의 선포 역시 왕의 언어로 되어 있다.

복음서를 더 큰 시각으로 보면 왕이신 예수님은
우선 로마 황제의 권력에 대해 문제 제기를 하시며,
절대적이고 궁극적이라고 생각하는 모든 권력에 대
해서도 마찬가지임을 볼 수 있다. 왕이신 예수님의
권력은 본질적으로 혁명적이며, 모든 압제적 체제를
뒤집어엎는 것이다.

4. 경외심과 적대감을 불러일으켰던 놀라운 대안으로서 예수님

이로 인해 초대교회와 그 이후의 교회에게는 예수

님이 어떤 종류의 왕이신가를 자세히 설명하고 해석하는 일이 남겨진다.

예수님은 로마의 왕권에 어떻게 맞설 것인가?

그 상황에서 이사야의 신탁은 예수님의 새로운 통치를 잘 설명해 주며, 그것을 이해하는 데 상당히 좋은 지침이 되어준다. 신탁이 일반적으로 주장하는 것은 새로운 평화와 행복의 통치체제가 폭력과 억압으로 얼룩진 옛 질서, 즉 로마의 질서를 대체할 것이라는 점이다.

신탁은 이러한 일을 성취해줄 것으로 기대되는 왕을 "기묘한 모사"라고 부르고 있다. 그렇다면 성탄절을 맞은 교회에게는 예수님이야말로 이 기대되는 "기묘한 모사"라는 점을 설명하면서, 그 호칭이 세상을 향한 복음에서 무엇을 의미하는지를 설명해야 하는 일이 남겨진다.

예수님은 임박한 하나님 나라의 왕이시기에, 그분에 대해 증언할 때면 종종 왕의 언어가 사용되곤 한다. 그러나 분명히 예수님은 왕에 대한 일반적인 기대와 부합하지 않는다. 그리고 이후에 받게 될 재판에서 예수님은 자신이 "유대인의 왕"이라고 주장했다고 고소를 당하는데, 그것은 예수님에게 큰 부담으로 남는다(요 18:34-36).

그러나 "기묘한 모사"로서의 예수님의 역할을 자신의 백성의 공적인 생활질서를 바로잡아줄 특별한 계획과 정책의 수행자로 생각해 보자.

1) 예수님은 지혜로우셨다

"모사"이신 왕은 지혜로울 것이다. 그래서 왕은 지혜로운 계획을 세울 것이며, 관습적인 가정들을 뛰어넘어 꿰뚫어보는 능력을 지니고 있으며, 세상이 어떻게 작동하며 정책들이 어떤 결과를 가져올 것인가를 분별하는 특별한 능력을 지니고 있을 것이다.

예수님은 관습적 가정(conventional assumptions)을 뛰어넘어 보고 행동하는 능력으로 동시대 사람들을 놀라게 한다. 예수님이 하는 일을 지켜보며, 사람들은 이렇게 물었다.

> 이 사람이 어디서 이런 것을 얻었느냐 이 사람
> 이 받은 지혜와 그 손으로 이루어지는 이런 권
> 능이 어찌됨이냐(막 6:2).

또한 우리가 익숙히 알고 있는 누가복음 2장의 탄생 이야기는 곧바로 예수님의 유년기로 옮겨가는데, 거기에서도 예수님은 비상한 지혜로 칭송받는다.

> 아기가 자라며 강하여지고 지혜가 충만하며 하
> 나님의 은혜가 그의 위에 있더라 … 예수는 지
> 혜와 키가 자라가며 하나님과 사람에게 더욱 사
> 랑스러워 가시더라(눅 2:40, 52).

이 증언과 기억에 따르면, 그때 이미 사람들은 예수님이 탁월한 지혜와 분별력을 가진 "모사"가 될 것으로 예상했다. 더욱이 예수님의 지혜라는 개념은 바울이 설명하는 십자가의 지혜에서 확장되며, 그것은 세상의 "어리석음"과 대조를 이룬다(고전 1:25, 27).

이 말씀을 통치, 즉 왕이 된다는 문맥에서 생각해보

면, 로마의 무자비한 권력은 세상적으로는 아무리 전형적인 것이라 해도, 진실로 어리석은 것임을 알 수 있다.

2) 예수님은 탁월하시다

예수님은 그 당대 사람들 중에서도 가장 영리하고 학식이 많은 서기관들의 권위와는 다른 권위를 보여 주었기 때문에, 그분의 가르침은 탁월하며(막 1:22) 기묘하다.

> 듣는 자가 다 그 지혜와 대답을 놀랍게 여기더라 그의 부모가 보고 놀라며(눅 2:47-48).

예수님의 가르침은 일반적인 모든 가정들과 달랐다. 예수님의 가르침은 당국을 당혹스럽게 했다. 반면, 힘없는 군중들은 착취와 박해라는 옛 통치 형태와는 구별된 "대안적 통치"(alternative governance) 아래 있는 새로운 세상에 대해 예수님으로부터 들었을 때,

자신들의 시선을 그분께로 향하였다. 이처럼, 예수님의 혁명적인 말씀에 대한 반응은 거의 비슷하다.

> 뭇 사람이 그의 교훈에 놀라니 이는 그가 가르치시는 것이 권위 있는 자와 같고 서기관들과 같지 아니함일러라(막 1:22).

> 낙타가 바늘귀로 나가는 것이 부자가 하나님의 나라에 들어가는 것보다 쉬우니라 하시니 제자들이 매우 놀라 서로 말하되 그런즉 누가 구원을 얻을 수 있는가 하니 예수께서 그들을 보시며 이르시되 사람으로서는 할 수 없으되 하나님으로서는 그렇지 아니하니 하나님으로서는 다 하실 수 있느니라(막 10:25-27).

"할 수 있다"와 "할 수 없다"라는 단어들은 창세기 18:14에 제시된 "여호와께 능하지 못한 일이 있겠느냐?"라는 질문과 그대로 닮아 있다. 더욱이 "능하다"라는 단어는 예언 신탁에 사용된 "기묘한 모사"의 "기묘한"과 동일한 단어이다.

그래서 예수님의 가르침은 세상이 오랫동안 불가능하다고 여겨왔던 것을 하나님은 능히 하실 수 있음을 증언한다. 그것이 바로 예수님의 가르침의 기묘한 점이다. 예수님의 가르침은 그분의 지혜가 일반적인 것과 다르다는 것을 증명했다.

> 예수님의 가르침은 세상이 아주 오랫동안 불가능하다고 여겨왔던 것을 하나님은 능히 하실 수 있음을 증언한다. 그것이 바로 예수님의 가르침의 기묘한 점이다.

예수님은 설명할 수 없을 만큼 지혜로운 분인 것이다!

그 이유로 인해 예수님은 관습적 지식과 권력에 엄청난 위협이 된다. 그래서 예수님이 말씀하신 이야기들, 즉 선한 사마리아인 이야기(눅 10:25-37), 두 아들 이야기(눅 15:11-32), 늦게 왔어도 동일한 임금을 받았던 일꾼들 이야기(마 20:1-16)는 기본적으로 그리고 명백하게 일반적인 관습과 대비되었다.

예수님의 가르침이 기묘한 이유는 사람들이 불가능하다고 여긴 것들이 가능하다는 것을 보여주기 때문이다. 당시의 어리석은 지도자들은 그런 불가능성들이 가능하게 되는 것을 원치 않았다. 왜냐하면 그런 가능성들은 현재의 모든 권력 구조와 물질의 분배를 뒤집어엎을 것이었기 때문이다.

3) 예수님의 가르침과 행동은 설명할 수 없는 지혜를 드러낸다

　예수님의 가르침이 설명 할 수 없는 지혜라는 특징을 가진 것처럼, 예수님의 행동 역시 놀라웠다. 예수님은 평범한 이성이 불가능하다고 선포했던 구원과 회복 행위를 성취하셨기 때문이다. 마가복음 7:31-35에서 예수님은 "귀 먹고 말 더듬는 자"를 고쳐주신다. 예수님은 "손가락을 그의 양 귀에 넣고 침을 뱉어 그의 혀에 손을 대셨으며," 그 사람을 고쳐주셨다. 예수님의 행동을 지켜본 사람들은 "그가 모든 것을 잘 하였도다 못 듣는 사람도 듣게 하고 말 못하는 사람도 말하게 한다"라고 반응했다(37절).

　그러한 특별한 "기묘한" 경우들로부터, 복음 전승

은 다음과 같이 일반화한다.

> 너희가 가서 보고 들은 것을 요한에게 알리되 맹인이 보며 못 걷는 사람이 걸으며 나병환자가 깨끗함을 받으며 귀먹은 사람이 들으며 죽은 자가 살아나며 가난한 자에게 복음이 전파된다 하라(눅 7:22).

가능한 것에 대한 옛 한계는 힘없는 사람들을 그 자리에 묶어두기 위해 고안된 거짓된 장치였음이 드러났다. 예수님은 그런 고안된 한계들을 없애시고, 불가능한 것을 향한 세상의 문을 여신다. 예수님은 그 선포를 "누구든지 나로 말미암아 실족하지 아니하는 자는 복이 있도다"라는 권면으로 마무리하신다(눅 7:23).

물론 예수님의 이야기들이 보여 주는 것은 "실족하는" 자들은 가능한 것을 특정한 방식으로 제한해온 엘리트 지도자들이라는 것이다. 그들은 일반 평민들에게 자신들이 내린 가능한 것의 정의가 맞다고 설득시켜왔던 것이다. 그런데 이제 그들의 실상은 폭로되고 말았다. 어리석게도 그들은 그러한 "기묘한 모사"를 멈추게 하려고 반격을 가해올 것이다.

4) 예수님은 기존 질서를 위협하셨다

기묘한 일, 즉 불가능한 일(the impossible)을 하는 예수님의 능력은 모든 기존의 권력 구조에 직접적인 위협이 되었다. 예수님은 모든 정상적인 가정들(normal assumptions)을 반대하시면서 그것들에 도전하기 때문에, 즉시 위험한 혁명가로 간주된다. 그는 관습적 통치 개념을 거부하는 왕이다. 어머니인 마리아가 예상하던 것처럼 진실로 예수님은 권력 구조를 뒤집어엎으신다.

> 마음의 생각이 교만한 자들을 흩으셨고
> 권세 있는 자를 그 위에서 내리치셨으며
> 비천한 자를 높이셨고
> 주리는 자를 좋은 것으로 배불리셨으며
> 부자는 빈 손으로 보내셨도다(눅 1:51-53).

마리아의 노래는 복음서 내러티브(Gospel narrative)에서 이어질 것들에 대한 예견이다. 당국이 즉시 예수님을 어떻게 없앨지 모의했다는 것은 놀랍지 않다. 그들은 체제 전복적 가르침과 혁명적 행동으로 변화를 가져올 수 있는 예수님의 변혁적 능력이 자신들의 지배를 종식시킬 것임을 제대로 인식하고 있었다. 누가는 예수님의 가르침과 행동이 불러일으킨 심각한 반발을 이렇게 명확히 진술한다.

> 예수께서 날마다 성전에서 가르치시니 대제사장들과 서기관들과 백성의 지도자들이 그를 죽이려고 꾀하되 백성이 다 그에게 귀를 기울여 들으므로 어찌할 방도를 찾지 못하였더라(눅 19:47-48).

상상컨대, 당국의 판단에서 볼 때, 예수님은 군중에게 사회적으로 새로운 가능성들을 열어주려고 지도자들과 군중 사이의 현저한 차이를 보여주는 방식으로 계급 간의 전쟁을 일으키고 있었다. 반면 기존 질서 내에 있던 군중은 예수님의 대안을 환영했다.

당국의 이어지는 예수님에 대한 비방은 예수님이 백성들에게 기존의 질서에 충성하지 말라고 말하면서, "백성을 미혹하고" 있다는 것이었다(눅 23:14).

예수님은 진실로 불가능한 것(the impossible)을 지배하시는 통치자이시다.

5) 예수님은 자신의 추종자들에게 자신의 사명을 이어 나가도록 초청했다

변혁을 가져오는 이 지혜로운 "왕"은 그의 일을 마치기 전에, 그를 따르는 자들에게 자신이 가던 혁명과 변화의 길을 세상에서 계속 이어가라고 명할 것이다. 예수님은 자신이 제시한 대안의 통치를 받아들이고 따르는 자들에 대해, 세상은 관습적인 권력 구조에 대한 대안을 모색하는 골칫덩어리로 간주하리라고 예견하신다.

더욱이 그 제자도는 체포당하고 박해받는 원인이 될 것이다. 누가복음에서, 예수님은 자신을 따르는 자들에게 다음과 같이 확실하게 말씀하신다.

이 모든 일 전에 내 이름으로 말미암아 너희에게 손을 대어 박해하며 회당과 옥에 넘겨주며 임금들과 집권자들 앞에 끌어가려니와 이 일이 도리어 너희에게 증거가 되리라 그러므로 너희는 변명할 것을 미리 궁리하지 않도록 명심하라 내가 너희의 모든 대적이 능히 대항하거나 변박할 수 없는 구변과 지혜를 너희에게 주리라 (눅 21:12-15).

이 말씀을 기록할 때, 분명히 누가는 사도행전의 초대교회가 지속적으로 증언하는 것을 염두에 두고 있었다. 변화를 일으키고 생명을 제공하는 예수님의 능력을 증언한 사도들은 정말로 당국 앞에 서게 된다. 사도들은 예수님처럼 세상을 전복시킨다(행 17:6).

> 그것은 일상적으로 행하던 어리석은 관행을 가로막는 비상한 지혜를 요한다.

5. 결론

이 새로운 왕을 인정하는 것이 단지 성탄절 전야의 노래만이 아님이 드러난다. 그것은 새 사명이 된다. 그것은 세상에서 예수님의 새로운 통치를 인정하는 것이자, 새로운 체제에 부합하는 행동으로의 초청이다. "그분의 통치의 확장"은 초자연적 속임수나 왕의 명령을 통해 성취되지 않을 것이다. 그분의 통치의 확장은 그를 따르는 자들이 매일 의도적으로 노력함으로써 실현될 것이다. 그들은 예수님이 행하신 기묘한 일들에 매우 놀라면서 말이다.

그래서 궁극적으로 헛된 거짓으로 증명될 옛 권력과 진리의 질서에 더 이상 복종하지 않는다. 그것은 일상적으로 행하던 어리석은 관행을 방해하는 비상한 지혜를 요청한다.

첫째 주

기묘한 모사

1. 시작하는 기도

오 하나님! 말씀을 밝히 알기 원하오니, 저희에게 주님의 빛을 비춰주시옵소서. 하나님의 영으로 저희 눈과 머리와 마음을 여시사, 하나님의 아들의 오심을 준비하게 하소서.

다시 오실 예수님의 이름으로 기도합니다. 아멘.

2. 묵상 질문

1) "기묘한"과 "모사" 사이에 쉼표를 찍으면 어떤 차이가 생기는가?

2) 예수님은 "착취와 학대라는 옛 패턴과는 다른, '대안적 통치' 아래 있는 세상에 대해 말씀하셨다." 이사야는 평강과 행복의 새 체제를 예고했으며, 그 체제는 폭력과 착취의 옛 질서를 대체할 것임을 예고했다.

그 세상이 오늘날이라면 어떻게 보일지를 상상하는 대로 그려 보거나 묘사해 보라.

3) 저자는 예수님이 불가능한 것(the impossible)에 대해 세상 앞에 여셨으며, 그것이 엘리트 지도자들을 분노하게 했다고 말한다. 왜 그들은 분노했는가?

4) 예수님은 기존 질서를 어떻게 위협하셨는가?

5) 교회는 오늘날의 기존 질서를 어떻게 위협해야 하는가?

6) 그리스도의 제자로서 당신은 이 일을 어떻게 수행하고 있는가?

7) 이 글을 읽고 나서 당신이 할 일들을 적어 보라.

3. 마침 기도

 기묘자이며 모사이신 예수님! 이사야의 이상을 이루어주시고, 저희에게 생명을 주는 다른 질서가 있을 수 있음을 보여주시니, 감사드립니다. 저를 도구로 삼아, 주님이 땅 위에 이루신, 다른 세상(altern-ative realm)의 능동적인 일부분이 되게 하소서.
 다시 오실 예수님의 이름으로 기도합니다. 아멘.

둘째 주 　　　　　　　　　　　Mighty God

전능하신 하나님

이는 한 아기가 우리에게 났고 한 아들을 우리에게 주신 바 되었는데 그의 어깨에는 정사를 메었고 그의 이름은 기묘자라, 모사라, 전능하신 하나님이라, 영존하시는 아버지라, 평강의 왕이라 할 것임이라(사 9:6).

1. 서론

이번 주에도 예수님과 관련된 이사야 9:2-7의 신탁을 계속 묵상해볼 것이다. 우리는 어떻게 초대교회가 고대 예전에서 사용된 왕의 호칭들을 예수님을 증거하는 방법으로 채택했는지 보았다.

이제 우리는 두 번째 왕의 호칭인 "전능하신 하나님"(Mighty God)에 대해 생각해볼 것이다. 초대교회는 예수님과 하나님의 관계를 설명하려고 애썼고, 궁극적으로 예수님을 하나님으로 고백했다.

> 도마가 대답하여 이르되 나의 주님이시오 나의 하나님이시니이다!(요 20:28)

이 공식은 매우 중요하지만, 교회에게는 결코 쉽거나 분명하지는 않다.

2. 평화와 정의를 위한 왕의 신성한 명령

히브리 성경은 어떤 의미에서 왕을 "신성한"(sacral) 존재로 간주하는 상황에서 기록되었다. 즉, 왕은 하나님만이 지닌 능력을 지니며, 인간의 평범한 능력과 권위를 초월한 능력을 가진 존재로 여겨졌다. 그래서 우리는 "하나님"이라는 명사에 대해 확고한 결론을 내리지 않고, "신적인"(divine)이라는 형용사를 사용할 것이다.

왕을 "신적 능력"(divine power)을 지닌 존재로 신성하게 여긴다는 것은 왕이 자신의 나라 전체를 번성하게 하며, 샬롬(shalom)이라는 특징을 지닌 나라로 만들 책임이 있음을 말해 준다. 그래서 훌륭한 왕은 자신의 나라가 전쟁에 승리하게 하며, 경제적 번영을 누리게 하고, 농업 생산성을 높이고, 사회 정의를 구현하려고 노력했다. 성경도 이스라엘에게 요구한 것은 왕이 가난한 자와 궁핍한 자들에게 경제적 정의를 실행해야 한다는 것이었다.

> 그가 주의 백성을 공의로 재판하며 주의 가난한 자를 정의로 재판하리니(시 72:2).

> 그가 가난한 백성의 억울함을 풀어 주며 궁핍한 자의 자손을 구원하며 압박하는 자를 꺾으리로다(시 72:4).

> 그는 궁핍한 자가 부르짖을 때에 건지며 도움이 없는 가난한 자도 건지며 그는 가난한 자와 궁핍한 자를 불쌍히 여기며 궁핍한 자의 생명을 구원하며 그들의 생명을 압박과 강포에서 구원하리니 그들의 피가 그의 눈 앞에서 존귀히 여김을 받으리로다(시 72:12-14).

그러나 왕이 이런 직무를 수행한다 해도, 축복의 선물은 왕의 능력에 달려있지 않다. 그것은 "홀로 기이한 일을 행하시는"(시 72:18-19) 하나님의 손에 달려있다.

이 호칭에서 "전능하신"(mighty)이라는 수식어는 용기와 담대함을 나타내며, 전쟁에서 용맹을 떨치는 것을 의미한다. 그래서 이 신탁에서 왕은 모든 위협을 물리쳐 자신의 백성을 안전하게 지켜줄 견고한 능력을 지닌 자로 나타난다. 이 신탁에서 왕은 특히 나라의 총사령관으로 비범한 용기와 능력으로 왕직을 수행하실 분으로 기대된다.

3. 신적인 능력을 가진 분으로서의 예수님

헨델의 의도처럼, 이 두 번째 호칭을 예수님과 관련된 것으로 받아들일 때, 예수님에 대한 초기 증언과 이 호칭 사이의 연관성이 자명하지는 않다. 그래서 좀 더 유연하게 해석할 필요가 있다.

우리는 앞서 이 호칭을 "하나님"으로 받아들이느냐, 하나님이 보낸 신적 능력을 지닌 이로 받아들여야 하느냐를 구분했으며, 거기서부터 시작할 수 있을 것이다.

초기 증언의 경우, 예수님은 특별한 능력과 권위를 가진 이로 제시되지만, 예수님을 하나님과 동일시하는 것에 대해서는 계속 반발이 있어 왔다. 다른 세 복음서에서도 이미 충분히 암시되기는 하지만, 신약에서는 분명히 요한복음이 최고의 고등 기독론을 주장하고 있다. 즉, 예수님은 하나님이시라는 것이다.

궁극적으로 도마는 "나의 주님이시오 나의 하나님이시니이다"(요 20:28)라는 아주 솔직한 고백을 할 것이다. 그에 앞서, 태어날 때부터 맹인이었다가 보게

된 사람은 예수님께 경배를 드릴 것이다(요 9:38).

그래서 요한복음은 예수님의 신성을 인정하고 있으며, 훗날 교회의 삼위일체 신학이 그것을 완전하게 설명하게 될 것이다. 더 초기의 복음서 이야기들을 보면, 사람들이 예수님에게서 발견한 것을 새롭고 신선한 형태로 설명할 필요가 있었음을 알 수 있다.

하지만 이사야서의 구절은 예수님의 지위에 대한 질문을 끌어내지 않는다. 그 구절은 권력, 특히 로마 권력을 가진 많은 사람들 위주의 세상에서 예수님의 권력에 대해 묻는다. 예수님이 로마의 조건에 따라 로마 권력과 경쟁하지 않을 것이라는 사실은 확실하다.

요한복음에서 예수님이 로마 총독 앞에서 재판 받으실 때 주장했던 것은 "내 나라는 여기에 속한 것이 아니다"(요 18:36)라는 것이다.

> 예수님이 로마의 조건에 따라서 로마의 권력과 경쟁하지 않을 것이라는 사실은 확실하다.

물론 그 말씀은 예수님이 "또 다른 세상"에 대해 말씀하시는 것처럼 잘못 이해되곤 했다. 즉, 그 구절은 예수님이

다른 세상, 혹은 완전히 "영적인," 축소된 다른 영역에 대해 말씀하고 있는 것처럼 되곤 했다.

이 말씀에서 예수님이 주장하시는 것은 예수님의 권력은 제국의 평범한 권위에 근거하지 않는다는 것이다. 예수님의 권력은 총이나 대포를 겨누고 강압이나 폭력을 통해 얻어지는 것이 아니다.

예수님의 나라, 즉 예수님이 주장하는 권위는 "아버지의 뜻"에 뿌리를 두고 있으며, 거기서 나온다는 점에서 참으로 "신적"이다. 세상을 향한 아버지의 뜻은 로마의 뜻과는 완전히 다르다.

4. 변화의 방식에서 드러나는 예수님의 능력

그래서 우리는 묻게 된다.

"예수님은 어떤 방식으로 신적 권력을 드러내시고 수행하셨는가?

예수님은 어떤 방식으로 변화와 회복과 새 생명을 실현하기 위해 힘과 능력을 사용하셨는가?"

예수님은 로마 제국의 착취적이고 강압적인 권력을 거부하는, 다른 능력(counter-power)을 행사하신다. 예수님은 생명을 창조하는 풍성한 능력을 행사하신다. 우리는 예수님의 사역중에서 두 가지 일화에 주목할 수 있는데, 그 일화들은 예수님의 삶 속에서 나타나는 하나님의 전능하심을 접할 수 있게 해 준다.

첫째, 마가복음 1:21-28에서 예수님은 "더러운 귀신 들린" 사람을 만나신다.

마가의 서술처럼, 그 남자가 이 일화의 주인공은 아니다. 이 일화에서 서로 대면하는 것은 예수님과 더러운 영이다. 더러운 영은 예수님을 즉시 알아본다. 그 영은 예수님이 자신의 존재와 파괴적인 일에 대한 위협임을 안다. 그래서 그 영은 이렇게 말한다.

> 나사렛 예수여 우리가 당신과 무슨 상관이 있나이까 우리를 멸하려 왔나이까 나는 당신이 누구인지 아노니 하나님의 거룩한 자니이다(막 1:24).

더러운 영은 예수님께 극존칭을 사용한다. 그 존칭은 이사야서의 대관 언어(the coronation language)와 일치한다. 더러운 영은 예수님을 "전능하신 하나님"으로 부르지는 않으나, 신적 능력은 인정한다. 예수님은 이 말에 대해 "잠잠하고 그 사람에게서 나오라"(25절)라는 두 가지 명령을 내리시며, 자신이 그 영에 대해 권위를 갖고 있음을 나타내신다.

예수님(과 서술자)은 그런 명령을 내릴 수 있는 능력을 가정하고 있다. 왜냐하면 그 영은 즉시 예수님의 명령에 순종하며 그 남자의 몸에서 나온다. 마가는 이렇게 기록한다.

> 더러운 귀신이 그 사람에게 경련을 일으키고 큰 소리를 지르며 나오는지라(막 1:26).

더러운 영은 그 남자의 몸을 점령한 채 머물러있기를 원했기에, 나오고 싶지 않았다. 그러나 예수님의 주권적 명령 앞에서 그 영은 무력했다. 지켜보던 무리들은 "이는 어찜이냐 권위 있는 새 교훈이로다. 더러운 귀신들에게 명한즉 순종하는도다"(27절)라고 놀라며, 예수님의 권위를 인정한다. 그리고 성경은 이 사건의 결과, "예수의 소문이 곧 온 갈릴리 사방에 퍼지더라"(28절)라고 기록하고 있다.

군중은 아직은 예수님의 능력을 신적인 것으로 여기지 않는다. 단지 그들은 질문할 뿐이다. 그러나 그 질문은 대답을 함축하고 있는 형태로 제시된다. 이 분은 사람에게 생명을 창조하시는 생명의 주님이다. 생명의 대적을 온전히 지배할 때라야 생명의 창조가 가능해진다.

둘째, 마가복음 4:35-41에서 위협이 되는 것은 바다의 폭풍이다.

본문은 "큰 광풍이 일어나며 물결이 배에 부딪쳐 들어와 배에 가득하게 되었더라"(37절)라고 기록한다. 예수님은 무서운 폭풍에도 아랑곳없이 내내 주무신다. 그 후 깨어난 예수님은 폭풍을 향해 "잠잠하라! 고요하라!"(39절)라고 간결한 두 가지 명령을 내리신다.

단어는 다르나, 이 명령은 더러운 영에게 하셨던 것

과 동일하다. 예수님의 일은 더러운 영과 폭풍이 상징하는 사망의 능력이 만드는 위협을 감소시키는 것이다. 예수님은 이 위협들을 자신의 권위에 굴복하는, 나약하고 군소리 못하는 피조물로 축소시키신다. 그리고 예수님의 명령을 받은 폭풍은 즉시 순종하므로, "바람이 그치고 아주 잔잔하여지더라"(39절)라고 기록하고 있다.

두 일화 모두에서 핵심 단어는 "순종"(obey)이다. 더러운 영이 예수님께 순종했으며, 바다도 마찬가지였다. 명백하게 예수님의 두 대적인 더러운 영과 폭풍은 혼돈과 사망의 힘(forces of chaos and death)이다. 그들은 남자에게 들어가 그를 무력하게 만들어버린, 그리고 제자들을 심한 두려움에 사로잡히도록 만든 "비-창조"(uncreation), 즉 사망의 수행인들이다.

예수님은 더러운 영에 사로잡힌 남자와 제자들을 위해 새로운 생명의 공간을 창조하심으로, 이 사망과 혼돈의 위협을 제어하고 복종시키신다. 예수님은 창조주 하나님의 기능을 수행하는 생명의 수여자(the giver of life)이시다.

그래서 복음서 이야기들은, 아들을 하늘과 땅의 창조주이신 아버지와 동일시하지 않으면서도, 초대교회가 나사렛 예수 안에서 생명을 주는 하나님의 능력이 드러나는 것을 보았다고 증거한다.

> 사망의 능력에 저항하는 것은 엄청난 힘을 요한다.

생명은 창조주 하나님 이외에는 다른 어떤 곳으로부터도 제공될 수 없기에, 그것은 창조주 하나님께 근거한 생명의 능력이다.

로마를 포함한 다양한 예수님의 대적들은 사망의 수행인이다. 왜냐하면 로마 제국은 사망의 체제를 구성하기 때문이다. "다른 어떤 곳에서부터 온," 즉 하나님으로부터 온 능력은 그러한 폭력적인 힘과 싸워 이겨야만 한다.

그리고 여기에서 실행되는 하나님으로부터 온 생명의 능력은 실제로 "전능하다." 사망의 능력에 저항하는 것은 엄청난 능력을 요구한다. 하지만 예수님은 그 능력을 보여주고 계신다.

따라서 예수님은 진실로 "전능하신 하나님"이시다.

그분은 두려움없는 용기로, 그 "마지막 원수"와 맞서 싸워 그를 굴복시키신다.

이런 일화들을 통해, 우리는 아주 쉽게 예수님의 사역 대부분에서 생명의 열매를 맺는 동일한 능력을 본다.

예수님이 중풍병자에게 "일어나 네 상을 가지고 걸어가라"라고 명령하시며, "네 죄사함을 받았느니라"고 말씀하신 것 때문에 서기관들과 논쟁을 하게 될 때, 예수님은 새 생명을 가능하게 하는 주님의 권위를 행사하고 계신다(막 2:1-9).

무리를 먹이실 때, 예수님은 광야에 대해서도 권위를 갖고 있음을 선포하고 계시며, 심지어 광야를 창조주의 궤적 안에서 풍성한 삶으로 가는 길로 재정의하고 계신다(막 6:30-44; 8:1-10). 시편 103편은 풍성한 생명을 베풀어 주시는 창조주의 방법을 간결한 찬양으로 요약해 준다.

> 그가 네 모든 죄악을 사하시며 네 모든 병을 고치시며 네 생명을 파멸에서 속량하시고 인자와 긍휼로 관을 씌우시며 좋은 것으로 네 소원을

만족하게 하사 네 청춘을 독수리같이 새롭게 하
시는도다(시 103:3-5).

복음서 내러티브들을 하나씩 살펴보면, 예수님이 "신적인 영웅"이나 전능하신 하나님으로, 이 찬가(this doxology)를 말 그대로 실행에 옮기심을 쉽게 알 수 있다. 이 내러티브들에서 죄를 사해 주고, 병을 고치시며, 속량하고, 관을 씌우며, 만족시켜주는 분은 바로 예수님이다.

이사야서의 신탁에 나오는 이 호칭을 사용할 때, 하나님이자, 하나님의 아들이라는 예수님의 실제 지위에 집착해서는 안 되며, 예수님이 특정한 상황에서 실제로 무엇을 하시는지를 살펴보는 것이 중요하다.

궁극적으로 교회가 이끌어낸 교리는 그들이 기억하고 전수해온 이야기들의 특정한 점들에 근거를 두고 있다. 진실로 그 이야기들은 "전능하신 하나님"의 이야기들이며, 그분을 다른 더 쉬운 범주에 집어넣을 수는 없다.

5. 제자들의 역할

"전능하신 하나님"이 행하신 이 일을 추상적인 것으로 만들지 않으려면, 예수께서 자신을 따르는 자들에게 변화를 창조하는 이 행동 속에 함께 참여하도록 초청한다는 것을 인식하는 것이 중요하다.

일찍이 예수님은 제자들에게 "병자들을 고치는" 일을 하라는 명령하신다(눅 10:9). 그리고 제자들은 돌아와 귀신들도 그들에게 항복했다고 보고한다(17절). 예수님은 제자들에게 "뱀과 전갈을 밟으며 원수의 모든 능력을 제어할 권능을 주었으니 너희를 해칠 자가 결코 없으리라"(19절)라고 대답하신다. 즉, 예수님은 제자들이 담대하게 하여, 풍성한 삶을 만드는 창조의 역사에 참여토록 하신다.

이와 반대로, 폭풍의 일화에서 예수님은 두려움에 떨고 있는 제자들에게 "믿음이 없다"고 꾸중하신다. 혼돈의 위협에 직면하자 제자들은 하나님의 법칙에 뿌리내린 담대함 대신, 일반적인 두려움으로 반응했던 것이다. 두려움에 사로잡힌 제자들은 마땅히 자신들의 소명에 걸맞은 "힘과 용기"를 잃고 움츠러들었다.

초대교회는 사망의 모든 힘을 극복하시는, 용감하고 "전능하신 하나님"의 생명을 주는 능력을 증언해야 한다. 사도행전은 "오직 성령이 너희에게 임하시면 너희가 권능을 받고 예루살렘과 온 유대와 사마리아와 땅 끝까지 이르러 내 증인이 되리라 하시니라" (행 1:8)라는 말씀으로 시작하며, 예수님을 따르는 자들이 동일한 역할을 갖고 있다고 확실히 못 박는다.

초대교회는 하나님의 능력을 위임받았다. 증인으로서 그들은 로마 당국 앞에 설 수 있으며, 세상에 대한 대안적 진리를 증거할 수 있다. 그들이 묘사하는 세상은 치유와 용서와 회복과 행복의 신적인 능력이 활동하는 세상이다.

그들은 이 "전능하신 하나님" 안에서 그 임재가 현실로 이루어지는 것을 보았다. 이것을 이야기함으로써, 그 능력은 계속해서 그 힘을 발휘할 수 있게 된다. 그런 증언 앞에는 바다의 혼돈과 더러운 영의 파괴적인 힘은 결코 설 자리가 없다. 그러기 위해서는 해석 작업이 필요하지만, 내러티브 끝에 가면 이 믿는 자들의 작은 무리는 예수님이 은혜와 진리가 충만한 하나님의 말씀이라는 것을 알게 된다.

둘째 주

전능하신 하나님

1. 시작하는 기도

전능하신 하나님! 예수님을 증거하는 방법으로서 고대의 호칭들에 대해 더 연구해보려고 합니다. 이제 저희 마음의 문을 열어 주소서! 하나님의 영으로 저희를 이끄시사 하나님의 아들의 오심을 예비하게 하소서.
다시 오실 예수님의 이름으로 기도합니다. 아멘.

2. 묵상 질문

1) 저자는 예수님의 원수들이 모두 죽음의 대리인들이기에, 하나님으로부터 오는 능력이 필요하다고 말한다. "그것은 사망의 힘을 저항할 엄청난 능력을 필요로 한다"는 것이다.
예수님이 죽음의 능력을 물리치신 경우가 무엇인지 생각해 보고, 그 사례를 말해보라.

2) 저자는 "내 나라는 이 세상에 속한 것이 아니다"라는 예수님의 말씀이 종종 오해받았다고 말한다.
이 말씀은 어떻게 오해되었는가?
저자는 그 말씀의 진정한 의미가 무엇이라고 말하는가?
그 말씀은 예수님의 권위에 대한 주장에 대해 무엇을 말해주는가?

3) 저자는 예수님이 제자들에게 "병든 자를 고쳐주라"는 사명을 위임하시고, 그들에게 이 권위를 주셨다는 것을 상기시켜 준다. 당신은 이 권위를 가졌음을 느꼈거나, 행사했던 적이 있는가? 그렇다면 그것에 대해 말해 보라.
만약 그렇지 않다면, 당신이 앞으로 그 권위를 어떻게 행사할 수 있다고 생각하는가?

4) 교회가 오늘날 하나님의 능력을 어떻게 드러내고 있다고 보는가?

3. 마침 기도

거룩하신 하나님! 저희에게 예수님을 선물로 주시고, 예수님이 전능하신 하나님의 역할을 이루어 가시는 방법을 알려주시니 감사합니다. 성령을 통해 저희에게 하나님의 전능하시고 생명을 주는 능력을 증거할 수 있도록 능력을 더하여 주소서.

다시 오실 예수님의 이름으로 기도합니다. 아멘.

셋째 주   Everlasting Father

영존하시는 아버지

이는 한 아기가 우리에게 났고 한 아들을 우리에게 주신 바 되었는데 그의 어깨에는 정사를 메었고 그의 이름은 기묘자라, 모사라, 전능하신 하나님이라, 영존하시는 아버지라, 평강의 왕이라 할 것임이라(사 9:6).

1. 서론

이사야 9:6에서 새로 즉위한 왕에게 주어진 세 번째 전례적인 호칭은 "영존하시는 아버지"(Everlasting Father)이다. 이 신탁이 가부장적 사회를 배경으로 하고 있는 것은 분명하다. 그 사회에서 아버지는 가족과 부족과 종족의 우두머리이며, 가장 큰 힘을 행사하며, 가장 큰 책임을 가졌다.

왕을 "아버지"로 부르는 것은 가족의 이미지를 국가로 옮겨놓는데, 그것은 물론 힘과 권위를 바탕으로 한 계급적이며 가부장적 개념을 암시한다.

"영존하시는"이라는 수식어는 여러 세대를 걸쳐 한결같이 신뢰할 수 있음을 의미한다. 그래서 그 말 속에는 관심 있게 보살피고 보호하며 이끌어주심을 신뢰할 수 있다는 의미가 내포되어 있다. 가족이라는 이 영역 안에서 우리는 본문으로부터 믿음의 대상에 대한 세 가지 점을 해석해낼 수 있다.

> **첫째**, 가부장적인 사회에서 아버지의 이미지가 하나님을 말하는 설득력 있는 방식이 되었다는 점이다.
> **둘째**, 하나님 아버지로서의 임무가 "하나님의 아들"로 간주되는 왕에게 위임되었다는 점이다.
> **셋째**, 그러한 아버지라는 단어의 용례가 "아버지"가 아닌 "아들"인 예수님과 연관될 때 어색

하다는 점이다.

2. 고대 이스라엘에서 "아버지"로서 하나님에게 간구함

첫째, 가부장적 전통에서 가족의 삶을 보장하고 최종적으로 관리하는 이로서 "아버지"가 하나님의 이미지로 형성되었다는 것은 자연스럽다.

이 사고방식에서 하나님은 최고의 아버지이며, 따라서 하나님은 존재하는 모든 것을 시작한 창조주이시다. 그래서 초대교회의 사도신경은 "전능하사 천지를 만드신 하나님 아버지"라고 명확히 진술한다.

이미 출애굽기 4:22에서 하나님은 이스라엘을 "내 아들 내 장자"라고 말씀하시며, 말씀하시는 분은 분명히 아버지이다. 그리고 이 아버지는 나중에 "내 아들을 애굽에서 불렀다"(호 11:1)라고 말씀하시는 아버지와 동일하다. 후에 포로가 된 비참한 상황 속에서 부른 애가에서도 이스라엘은 하나님을 아버지로 부를 것이다.

> 주는 우리 아버지시라
> 아브라함은 우리를 모르고
> 이스라엘은 우리를 인정하지 아니할지라도
> 여호와여, 주는 우리의 아버지시라
> 옛날부터 주의 이름을 우리의 구속자라 하셨거늘
> (사 63:16).

그리고 하나님은 그 역할을 받아들이시며, 자신의 자녀들이 배신하지 않을 것이라 기대하신다.

> 그가 말씀하시되 그들은 실로 나의 백성이요
> 거짓을 행하지 아니하는 자녀라 하시고
> 그들의 구원자가 되사 그들의 모든 환난에 동참 하사(사 63:8-9).

베푸신 과거의 은혜를 되돌아보는 것이 하나님에게 올려드리는 뜨거운 간구의 서론 기능을 한다.

> 그러나 여호와여, 이제 주는 우리 아버지시니이다

> 우리는 진흙이요 주는 토기장이시니
> 우리는 다 주의 손으로 지으신 것이니이다
> 여호와여, 너무 분노하지 마시오며 죄악을 영원히 기억하지 마시옵소서
> 구하오니 보시옵소서 보시옵소서 우리는 다 주의 백성이니이다
> 주의 거룩한 성읍들이 광야가 되었으며
> 시온이 광야가 되었으며
> 예루살렘이 황폐하였나이다 ….
> 우리가 즐거워하던 곳이 다 황폐하였나이다
> 여호와여 일이 이러하거늘 주께서 아직도 가만히 계시려 하시나이까
> 주께서 아직도 잠잠하시고 우리에게 심한 괴로움을 받게 하시려나이까(사 64:8-12).

아버지는 토기장이로 비유되며, 이스라엘을 빚으시는 분이다. 이 아버지 하나님은 몹시 분노하고 계신 것처럼 보이나, 하나님이 아버지라는 사실을 가정하고 확신할 때, 사람들은 분노가 말씀의 끝이 아닐 것이라

는 소망을 갖게 된다. 사람들은 아버지 하나님이 그것보다 더 좋은 일을 하실 것으로 기대할 수 있다.

사실 간구는 경이(wonderment)와 분노가 함께 섞여 끝난다. 하지만 가족 안에서 아버지의 마음이 부정적으로 행동할 것이라고는 생각할 수 없다. 그래서 아버지의 사랑에 호소한다는 사실로 인해, 본문은 법적 가능성(judicial possibility)을 넘어 가족의 가능성(familial possibility)으로 옮겨간다.

아버지의 마음이 분노에서 자비로 옮겨갈 것이라는 그 기대가 시편 103편에 울려 퍼져 있으며, 하나님이 사랑 때문에 즉시 분노를 가라앉히실 것이라고 예상하게 한다.

> 자주 경책하지 아니하시며
> 노를 영원히 품지 아니하시리로다
> 우리의 죄를 따라 우리를 처벌하지는 아니하시
> 며 우리의 죄악을 따라 우리에게 그대로 갚지는
> 아니하셨으니
> 이는 하늘이 땅에서 높음같이 그를 경외하는 자

에게 그의 인자하심이 크심이로다
동이 서에서 먼 것같이 우리의 죄과를 우리에게
서 멀리 옮기셨으며
아버지가 자식을 긍휼히 여김같이 여호와께서
는 자기를 경외하는 자를 긍휼히 여기시나니
이는 그가 우리의 체질을 아시며
우리가 단지 먼지뿐임을 기억하심이로다
(시 103:9-14).

또한 하나님의 긍휼(divine compassion)이라는 개념은 고대 이스라엘이 하나님의 이미지로 적합하다고 보았던 것이 가부장이라는 일차원적 이미지에 한정되지 않음을 말해 준다. 그래서 민수기 11:12에는 낳고, 품에 품고, 젖을 먹이는 어머니의 이미지가 나온다.

이사야 49:15에서 "긍휼"과 "태"라는 단어를 사용한 것은 하나님이 어머니의 성향도 지니고 계심을 보여 준다. 그래서 우리는 하나님이 아버지와 어머니의 이미지 둘 다를 가지고 있다고 결론을 내릴 수 있다. 즉, 하나님은 자비의 소망을 가질 수 있도록 믿게 해

주고, 그 소망을 받아들일 수 있도록 해 주는 어머니의 성향을 갖고 있다고 결론 내릴 수 있는 것이다.

아마도 아버지로서의 하나님에 대한 가장 완전한 결론은 시편 68:5-6에 기록된 말씀일 것이다.

> 아버지 하나님은 약한 자와 가지지 못한 자들에게 귀를 기울이신다. 이것은 고아와 과부와 이방인들을 위한 토라의 규정에 반영되어 있는 신학적인 주장이다. 고대 이스라엘은 하나님이 돌아보셨던 바로 그 사람들을 돌보고 보호해야 한다.

그의 거룩한 처소에 계신 하나님은 고아의 아버지시며 과부의 재판장이시라
하나님이 고독한 자들은 가족과 함께 살게 하시며
갇힌 자들은 이끌어 내사 형통하게 하시느니라
오직 거역하는 자들의 거처는 메마른 땅이로다
(시 68:5-6).

하나님은 죄수들뿐 아니라 세상에서 가장 약한

자인 과부와 고아를 보호하시므로 찬양받으신다 (시 68:4). 그래서 아버지 하나님은 약한 자와 가지지 못한 자에게 귀를 세우신다. 이것은 고아와 과부와 이방인들을 위한 토라 규정에 반영되어 있는 신학적 주장이다. 고대 이스라엘은 하나님이 돌아신 바로 그 사람들을 돌보고 보호해야 한다.

3. 왕의 임무는 "아버지의 일"을 하는 것이다

둘째, 전례신학은 아버지의 특징을 하나님의 것으로 고양시켰기에, 그것이 왕의 특징이 되는 것은 당연하다.

일반적으로 왕은 사회에서 하나님의 대리인으로 하나님의 역할을 수행하게 되어 있다. 왕은 가난한 자와 궁핍한 자들에게 정의를 베풀 의무를 가진다. 이것은 시편 72편에서 확인된다.

> 하나님이여 주의 판단력을 왕에게 주시고
> 주의 공의를 왕의 아들에게 주소서

> 그가 주의 백성을 공의로 재판하며 주의 가난한
> 자를 정의로 재판하리니(시 72:1-2).

> 그가 가난한 백성의 억울함을 풀어 주며
> 궁핍한 자의 자손을 구원하며 압박하는 자를 꺾
> 으리로다(시 72:4).

> 그는 궁핍한 자가 부르짖을 때에 건지며
> 도움이 없는 가난한 자도 건지며(시 72:12).

그래서 시편 72편에 진술된 왕의 기능은 시편 82편에서 신들에게 주어진 명령과 평행을 이룬다.

> 가난한 자와 고아를 위하여 판단하며
> 곤란한 자와 빈궁한 자에게 공의를 베풀지며
> 가난한 자와 궁핍한 자를 구원하여
> 악인들의 손에서 건질지니라 하시는도다
> (시 82:3-4).

이것이(시 72편) 하나님다운 것이다(시 82편)!

종족의 가족 전체를 보호하는 것이 하나님의 일이다. 따라서 그것은 왕의 일이다. 이 이유로 예루살렘에서 새로 즉위한 왕은 가족과 부족과 종족의 안위를, 그리고 궁극적으로 한 나라의 안위를 보장하는 자인 "영존하시는 아버지"가 되어야 만 한다.

고대 이스라엘 신앙의 언약 언어(covenantal language)는 사회가 궁핍한 자와 약한 자를 책임 있게 돌보지 않을 경우, 번영을 누릴 수 없음을 인식했다. 왕들이 아버지로서 이 의무를 수행하지 못한다면 결국 모든 이들에게 고난이 닥쳐올 뿐이다.

그래서 에스겔 34장은 목자들, 즉 왕들이 실패하여 이스라엘로 하여금 흩어져 포로가 되도록 만들었다고 엄중하게 책망하며 고소한다.

> 자기만 먹는 이스라엘 목자들은 화있을진저 목자들이 양 떼를 먹이는 것이 마땅하지 아니하냐 너희가 살진 양을 잡아 그 기름을 먹으며 그 털을 입되 양 떼는 먹이지 아니하는도다 너희가

그 연약한 자를 강하게 아니하며 병든 자를 고치지 아니하며 상한 자를 싸매 주지 아니하며 쫓기는 자를 돌아오게 하지 아니하며 잃어버린 자를 찾지 아니하고 다만 포악으로 그것들을 다스렸도다 목자가 없으므로 그것들이 흩어지고 흩어져서 모든 들짐승의 밥이 되었도다 내 양떼가 모든 산과 높은 멧부리에마다 유리되었고 내 양 떼가 온 지면에 흩어졌으되 찾고 찾는 자가 없었도다(겔 34:2-6).

목자인 왕들은 이스라엘에게 아버지 노릇을 하지 못했으며, 자신만을 돌봄으로 아버지의 일을 게을리 했다. 에스겔 34:2-6은 왕의 책임을 부정적으로 열거한다. 이스라의 왕들이 왕으로써 자신의 의무를 이행하지 않은 것은 다음과 같다.

① 양 떼를 먹이는 일.
② 연약한 자를 강하게 하는 일.
③ 병든 자를 고치는 일.

④ 상한 자를 싸매 주는 일.
⑤ 쫓기는 자를 돌아오게 하는 일.
⑥ 잃어버린 자를 찾는 일.

선지서는 고소를 한 후, 하나님으로 하여금 하나님 자신이 이제 왕이 하지 못한 일들을 친히 하실 것임을 선포하게 한다. 이제 우리는 다음과 같이 긍정적인 진술을 듣게 된다.

> 내가 내 양을 찾아서 … 그것들이 이스라엘 산에서 살진 꼴을 먹으리라 내가 친히 내 양의 목자가 되어 그것들을 누워 있게 할지라 주 여호와의 말씀이니라 그 잃어버린 자를 내가 찾으며 쫓기는 자를 내가 돌아오게 하며 상한 자를 내가 싸매주며 병든 자를 내가 강하게 하려니와 살진 자와 강한 자는 내가 없애고 정의대로 그것들을 먹이리라(겔 34:12-16).

이것들이 가부장적 사회에서 아버지의 기능임을

아는 데는 전혀 상상력이 필요 없다. 아버지인 왕(father-king)이 약속을 어겼기에, 이제는 아버지 하나님(father-God)이 반드시 이루어져야 하는 일들을 이루실 것이다. 에스겔 신탁은 후에 비로소 왕으로서 아버지의 일을 정말로 행할 새로운 왕의 모습을 그릴 것이다.

> 내가 한 목자를 그들 위에 세워 먹이게 하리니 그는 내 종 다윗이라 그가 그들을 먹이고 그들의 목자가 될지라 나 여호와는 그들의 하나님이 되고 내 종 다윗은 그들 중에 왕이 되리라 나 여호와의 말이니라(겔 34:23-24).

예기된 왕에게는 결정적인 역할이 부여된다. 그러나 그것은 파생된 역할이다. 즉, 왕이 아니라 왕자의 역할이다. 그것은 마치, 원칙적으로는 왕인 하나님이 주도권과 책임을 갖고 있지만, 왕자인 다윗이 아버지의 회복 사역을 하도록 파송된다.

예루살렘의 왕들은 자신만을 돌보며 궁핍한 자를 돌아보지 않았다. 그럼에도 불구하고 전례(liturgy)는 소망을 놓지 않으면서, 왕에게 기대되는 것과 기대할 수 있는 것을 다시 연상시켜주는 기능을 했다.

그래서 이사야의 신탁이 새로운 왕을 "영존하시는 아버지"라고 말했을 때, 그 신탁은 왕의 직임(royal office)이 백성의 안위 보장에 대해 여러 세대에 걸쳐 신뢰할 수 있음을 기대하도록 해준다. 왕으로서 "영존하시는 아버지"는 공동체에게 샬롬(shalom)을 보장하는 분이시다.

4. "아들"인 예수님을 "영존하시는 아버지"로 보기는 쉽지 않다

셋째, 예수님이 백성의 안위를 회복시켜줄 왕이기는 하지만, "영존하시는 아버지"라는 호칭은 예수님에게 잘 맞는 호칭은 아니다.

물론 이 이미지가 예수님과 잘 맞지 않는 이유는 하나님이 아버지이며, 예수님은 하나님을 아버지라고 부르기 때문이다. 예수님은 필자가 인용했던 구약

본문의 용례를 가져오시며, 그 호칭을 "아빠"라는 가족의 친밀한 언어와 동일시하신다.

예를 들어, 산상설교에는 하나님을 가리키는 아버지라는 언어가 많이 나온다.

① 예수님은 주기도문에서 하나님을 아버지라고 부르신다(마 6:9).
② 기도문에서 예수님은 "은밀한 중에 보시는 네 아버지"라고 말씀하고 있다(마 6:18).
③ "이 모든 것이 너희에게 있어야 할 줄을 아시는" 분은 "너희 하늘 아버지"시다(마 6:32).
④ 천국에 들어갈 사람은 "하늘에 계신 내 아버지의 뜻대로 행하는 자"다(마 7:21).
⑤ 제자들은 "하늘에 계신 너희 아버지의 온전하심과 같이 온전해야" 한다(마 5:48).

마태복음의 특정 절에서는, 예수님이 초대교회를 향해 세 가지 호칭을 피하라고 권면하신다. 예수님은 어떤 사람도 랍비라 부르지 말고, 어느 누구도 아버지라 부르지 말 것이며, 어느 누구도 지도자라 칭하지 말라고 말씀하신다(마 23:8-11). 초대교회가 지위와 호칭에 대해 매우 민감했을 때가 있었으며, 그때 이 호칭들을 금지시켰다.

그러므로 우리는 아버지가 아버지로서의 하나님에게 적합한 계급의 힘을 지닌 호칭이기에, 아들이나 다른 어떤 이에게는 적합하지 않다는 것을 알 수 있다. 또한 예수님은 십자가에서 아버지를 두 번 부르신다.

> 아버지 저들을 사하여 주옵소서 자기들이 하는 것을 알지 못함이니이다(눅 23:34).

> 아버지여 내 영혼을 아버지 손에 부탁하나이다 (눅 23:46).

아버지와 아들로 규정된 예수님과 아버지 사이의 이 긴밀한 대화는 물론 삼위일체의 유산에서도 익숙하게 볼 수 있다. 사도신경의 정밀하고 조심스러운 언어는 아버지와 아들을 구별하여 말하고 있으며, 혼동은 없다. 즉, 아들은 아들이며, 아버지가 아니라는 것이다.

그래서 왕이며 메시아인 예수님을 "영존하시는 아버지"로 생각하는 것은 성립이 되지 않는다. 다음의 것들 중 어느 것도 놀랍지 않으며, 충분히 확실해 보인다.

① 하나님을 말하는 방법으로서 전승에서 아버지의 이미지가 확고하게 나온다.
② 하나님이 하시는 아버지의 일이 "하나님의 아들"인 왕에게 위임되었다.
③ 그러한 아버지의 용례는 아버지에게 기도하는 아들이신 예수님과 연관성이 적다.

5. "고아가 된" 세상에서 아버지로서의 예수님

이런 모든 것을 감안할 때, 정말로 놀라운 일이 있다! 고아들을 돌보는 일이 아버지(the Father)에게 주어졌다면, 아들(the Son)은 고아의 일에 관련되지 않았을 것이다. 정말로 시편 68편에서 아버지는 고아들을 돌볼 책임을 맡는다.

그런데 예수님도 아버지에게 속한 그 일을 맡으신다!

이 사실을 인식하는 시작점을 요한복음 14:18에서 발견할 수 있을 것이다. 그 절에서 예수님은 제자들로부터 잠깐 떠나는 것에 대해 "내가 너희를 고아와 같이 버려두지 아니하고 너희에게로 오리라"(요 14:18)고 말씀하신다.

스승이 없는 제자들을 "고아가 되었다"라고 말하는 것은 이상한 용례가 아니다. 하지만 그 용례는 그 점을 넘어 가족에게까지 확장되며, 예수님이 가족을 만들고, 보호하며, 형성해 가시는 아버지 역할을 갖고 계신 것으로 명시한다.

요한복음 19:26-27에서 예수님은 "여자여 보소서 아들이니이다 … 보라 네 어머니라"라고 말씀하시면서, "사랑하시는 제자"와 자신의 어머니를 연결시키는데, 그때 예수님은 그와 동일한, 가족을 형성하는 기능을 수행하고 계신 것으로 여겨진다. 예수님의 말씀은 어머니가 보호받으실 것임을 보장하시면서, 자신의 제자에게 아들의 책임을 맡기셨다. 예수님이 아버지 역할을 하신 것이다.

만약 우리가 아버지와 아들의 위격과 관련해서 삼위일체의 언어로 이 기능을 정당화할 필요가 있다면, 삼위일체의 위격 모두는 삼위일체의 모든 기능을 공유한다는 사실을 인식하는 것으로 충분하다. 그리고 그것을 우리는 기술적인 언어로 "삼위일체 교리"라고 부른다. 삼위일체의 각 위격에게 독자적인 기능들이 배타적으로 맡겨지지는 않는다.

하지만 그 교리가 형성되기 오래전부터, 예수님이 아버지처럼 가족적인 책임을 행사하신다는 것은 확실하다. 마태와 마가와 누가복음인 공관복음 전승에서 예수님은 "어린 아이들이 내게 오는 것을 용납하라"는 유명한 말씀도 하셨다(눅 18:15-17). 제4복음서에서도 예수님은 제자들을 "작은 자들아"라고 부르셨다(요 13:33). 가족이라는 친밀함 안에서 예수님이 "서로 사랑해야 한다"는 급진적인 명령을 하신 것은 이 작은 자들에게이다.

6. 요약

 확실한 것은 이사야의 표현인 "영존하시는 아버지"를 예수님의 인격과 연결시키는 것은 무리라는 것이다. 하지만 만약 "영존하시는" 존재로서 아버지의 역할이 세대를 거쳐 이어져 내려가는 것이라면, 예수님은 진실로 가족의 약속을 이행하시는 분이다. 예수님이 마태복음의 결론에서 제자들에게 주신 약속은 "내가 세상 끝날까지 너희와 항상 함께 있으리라"라는 것이다(마 28:20).

 이사야의 수사학에서, 그것은 미래의 모든 세대들에게 주는 약속이다. 예수님이 "고아로 남겨두지 않을" 자들에 대한 약속을 주시는 문단은 아버지와 아들의 정체성과 결속에 대한 확실한 진술을 포함하고 있다. 즉, "사람이 나를 사랑하면 내 말을 지키리니 내 아버지께서 그를 사랑하실 것이요 우리가 그에게 가서 거처를 그와 함께 하리라"(요 14:23)라고 말씀하고 계신 것이다.

 예수님은 아버지와 그처럼 동일하기에 이 기능들도

공유하신다. 예수님이 주신 사랑의 계명은 아버지와 아들과 공동체의 결속을 다지기 위한 것이다. 그것의 "영속적인" 부분은 여러 세대를 거쳐 교회가 이러한 아버지로서 하나님의 임재가 기쁨과 확신과 선교 동력의 근거가 된다는 것을 발견했다는 점이다.

셋째 주

영존하시는 아버지

1. 시작하는 기도

하나님! 오늘 세 개의 대림절 촛불이 타오르면서 빛을 비추는 것처럼, 예수 그리스도를 증거하는 호칭들을 공부해 나아갈 때, 저희의 정신도 밝히 비춰주소서. 성령으로 저희를 인도하셔서 하나님의 아들의 강림을 예비하게 하소서.

다시 오실 예수님의 이름으로 기도합니다. 아멘.

2. 묵상 질문

1) 에스겔 34:2-6은 왕이 행하지 않았던 책임들을 열거하고 있다. 그 목록을 다시 한번 점검해보라.
우리의 정치 지도자들은 이 목록에 대한 책임에 얼마나 부합하고 있는가?

2) 포로가 되어 하나님에게서 멀어진 것은 외국인을 포함하여 사회의 약자들을 돌보지 못한 결과였다.
우리 사회가 이런 사람들을 돌보는 일을 태만히 하여 지금 어떤 대가를 치르고 있는가?

3) 당신은 교회에서 하나님 아버지의 임재를 어떻게 경험하고 있는가?

3. 마침 기도

거룩하신 하나님! 예수님을 선물로 주신 것을 감사드립니다. 아들이면서 영존하시는 아버지의 역할을 수행하시는 분의 의미에 대해 묵상해 보았습니다. 성령님을 통해 아버지의 영존하는 임재의 기쁨과 확신을 주옵소서. 저희로 하여금 교회로서 세상을 향한 하나님의 사명에 참여하게 하셨으니, 하나님의 가족의 약속을 이행해 나갈 수 있도록 능력을 더해 주소서.

다시 오실 예수님의 이름으로 기도합니다. 아멘.

Prince of Peace 넷째 주

평강의 왕

이는 한 아기가 우리에게 났고 한 아들을 우리에게 주신 바 되었는데 그의 어깨에는 정사를 메었고 그의 이름은 기묘자라, 모사라, 전능하신 하나님이라, 영존하시는 아버지라, 평강의 왕이라 할 것임이라(사 9:6).

1. 서론

이사야 9:6에서 예루살렘에서 새로이 왕좌에 오른 왕을 부르는 네 번째 호칭은 "평강의 왕"(Prince of Peace)이다. 왕은 사회 질서를 유지하고 경제적 번영을 이룰 책임을 가졌다. 또한 적절한 사회 질서나 경제적 번영의 유지는 평화 없이 가능하다고 여겨졌다.

그 이유로, 왕은 건실한 국제관계에 참여하고 진작시킬 책임을 갖고 있었다. 전쟁 정책(war policies)을 성공적으로 수행하는 왕들이 명성과 부를 갖게 된다는 사실을 감안할 때, 왕이 평화를 추구할 것이라고 기대하는 것은 확실히 아이러니임에 틀림없다.

2. 야심찬 정치적인 구호로서 평강

"평강의 왕"에서 "평강"은 "샬롬"(shalom)이라는 단어이며, 그것은 적대감이 없는 것뿐만 아니라, "일반적인 복지를 증강시키는" 것을 목적으로 하는 성공적인 사회체제의 유지를 말한다. 우선 이 사실을 인식하는 것이 중요하다.

예레미야 29:7과 11에서 "샬롬"을 보통 "복지"(welfare, 개역개정에는 "평안"으로 번역됨)으로 번역한다는 점에 주목하라.

아마도 구약에서 가장 전형적인 평강의 왕은 솔로

몬일 것이다. 왜냐하면 그의 이름 자체가, 그가 다스렸던 예루살렘 왕도처럼, "샬롬"을 이용한 언어유희이기 때문이다. 그러나 솔로몬의 정책들은 강력한 무기뿐만 아니라, "사회복지"에 반하는 강압적인 정책을 반영하는 값싼 노동력에 의존했던 것이 확실하다(왕상 5:13-18; 9:15-23; 10:16-29).

솔로몬이 사망했을 때 그와 같은 철권통치에 대해 공개적인 반역과 저항이 있었던 것은 그런 이유들 때문이다(왕상 12:1-19). 사실 솔로몬이라는 이름은 아이러니라는 것이 드러난다. 왜냐하면 솔로몬의 정책들은 그의 왕국 안에서 진정한 샬롬의 어떤 기회도 배제했기 때문이다. 솔로몬의 "평강"의 실현의 모호함은 시편 72편이 전례적으로 상상하는 샬롬과 크게 차이가 난다.

> 의로 말미암아 산들이 백성에게 평강을 주며 작은 산들도 그리하리로다(시 72:3).

> 그의 날에 의인이 흥왕하여 평강의 풍성함이 달

이 다할 때까지 이르리로다(시 72:7).

여기 고대 이스라엘의 전례적인 상상력 안에서, 평강의 전제는 가난하고 궁핍한 자들을 위한 정의의 실현이다. 그리고 그처럼 기대되는 평강은 백성들의 더 일반적인 번영을 포함한다. 즉, 번영은 왕 주변인인 도시 엘리트들만의 번영이 아닌 것이다. 이 기대 안에서는 솔로몬의 실제 통치의 특징이었던 착취 정책들(exploitative policies)의 강압성은 전혀 없다.

그와 동일한 "평강"의 모호성은 샬롬의 필수조건인 무장해제의 기대에 반영되어 있다. 군비경쟁이 있는 한, 평강은 기껏해야 불안정한 가능성에 불과할 것이다. 그리고 사실 구약은 평강의 서막으로 무장해제(disarmament)를 예견한다.

그러나 무장해제 역시 똑같이 모호하다. 우리에게 친숙한 예언 신탁들인 이사야 2:1-4과 미가 4:1-5에서 무장해제는 자유롭게 이루어진다. 토라 규범에 대한 반응으로, 무기를 갖고 있는 사람들은 칼을 쳐서 보습을 만들고, 창을 쳐서 낫을 만들 것이며, 다시는 전쟁을 연습하지 않을 것이다!

하지만, 다른 곳에서는, 무장해제가 전쟁에 패배한 적들의 무기를 제거하는 승자에 의해 강요되는 강압적인 행동 자체일 뿐이다. 우리가 다루는 이사야서 신탁에서 무장해제는 난폭한 강압의 행동이다. 패한 자의 무기는 극적인 방식으로 불태워진다.

> 어지러이 싸우는 군인들의 신과 피 묻은 겉옷이
> 불에 섶같이 살라지리니(사 9:5).

그리고 이것이 왕을 "평강의 왕"으로 예상하는 신탁 안에 있기에, 기대되는 평강의 왕은 아마도 적들을 억지로 무장해제시킬 수 있는 승자일 것이다. 이와 동일한 기대는 시편 46편에서도 찾아볼 수 있는데, 그 시편은 예루살렘을 찬양하며 하나님이 전쟁을 끝낼 것이라고 선포한다.

> 그가 땅 끝까지 전쟁을 쉬게 하심이여 활을 꺾고 창을 끊으며 수레를 불사르시는도다(시 46:9).

이것은 협상이나 화해를 통해 만들어진 평화가 아니다. 이것은 승자에 의해 강요된 평화이다. 여호수아가 기브온 사람들과 맺었던 평화 언약의 경우도 동일하다(수 9:15). 그 불편한 안정은 기껏해야 기브온 사람들의 사회적인 존재와 참여를 2급으로 만드는 결과를 낳았으며, 그들은 조약에서 더 약자였음이 틀림없다.

> 우리가 이스라엘의 하나님 여호와로 그들에게 맹세하였은즉 이제 그들을 건드리지 못하리라 우리가 그들에게 맹세한 맹약으로 말미암아 진노가 우리에게 임할까 하노니 이렇게 행하여 그들을 살리리라 하고 무리에게 이르되 그들을 살리라 하니 족장들이 그들에게 이른 대로 그들이 온 회중을 위하여 나무를 패며 물을 긷는 자가 되었더라(수 9:19-21).

이것은 강요된 평화이다. 기브온 사람들에게는 전혀 발언권이 없었다. 우리는 현 시대와 같이 고대 시대에도 평화가 장엄한 전례적 양상을 갖고 있다고 상상할 것이다. 그러나 실제로 땅 위의 사실은 더 애매모호하며, 더 고상한 수사학이 주장하는 도덕적인 무게가 없다.

> 평화의 구호는 대안이 되는 세상에서, 대안이 되는 사회에 대한 이상을 가질 수 있도록 유지해 주는 중요한 기능을 한다.

평화는 신뢰할 수 있는 정치적인 현실보다는 정치적인 구호로 드러난다. 그래서 예레미야는 그런 구호들이 결국 극심한 사회 갈등과 불안정을 초래할 것이 확실한 정책들을 숨기기 위한 도구가 될 때 생겨나는 부정직에 대해 고발할 수 있었다.

> 이는 그들이 가장 작은 자로부터 큰 자까지 다 탐욕을 부리며 선지자로부터 제사장까지 다 거짓을 행함이라 그들이 내 백성의 상처를 가볍게 여기면서 말하기를 평강하다 평강하다 하나 평강이 없도다(렘 6:13-14 또한 8:10-11을 보라).

예레미야의 가장 큰 적인 하나냐는 사실 이사야서와 유사하게 들리는, 왕의 정치적인 선전 구호를 믿었으며, 그래서 "평화를 예언하는 선지자"라는 평가를 받는다(렘 28:9). 그러나 예레미야의 전승은 그런 주장은 현실의 사회경제적 사실들에 비추어볼 때 어리석다고 주장한다. 고대 이스라엘에서 정치 현실이 더 고귀한 종교와 예배의 정서와 일치하는 경우는 드물었다.

그럼에도 불구하고 그 구호는 정치적 현실이 그 구호와 일치하게 될 가능성을 계속 약속했다. 평화의 구호는 대안이 되는 세상에서, 대안이 되는 사회에 대한 이상을 가질 수 있도록 유지해 주는 중요한 기능을 한다. 예레미야의 전승은 용서에 근거한 그러한 가능성을 기대했다.

> 내가 이 성읍을 치료하며 고쳐 낫게 하고 평안과 진실이 풍성함을 그들에게 나타낼 것이며 내가 유다의 포로와 이스라엘의 포로를 돌아오게 하여 그들을 처음과 같이 세울 것이며 내가 그들을 내게 범한 그 모든 죄악에서 정하게 하며

> 그들이 내게 범하며 행한 모든 죄악을 사할 것
> 이라 이 성읍이 세계 열방 앞에서 나의 기쁜 이
> 름이 될 것이며 찬송과 영광이 될 것이요 그들
> 은 내가 이 백성에게 베푼 모든 복을 들을 것이
> 요 내가 이 성읍에 베푼 모든 복과 모든 평안으
> 로 말미암아 두려워하며 떨리라(렘 33:6-9).

에스겔 전승은 그 성읍에서 일반적으로 자행되던 착취와 강압에 반대되는 "평강(화평)의 언약"(covenant of peace)을 기대한다.

> 내가 또 그들과 화평의 언약을 맺고 악한 짐승
> 을 그 땅에서 그치게 하리니 그들이 빈 들에 평
> 안히 거하며 수풀 가운데에서 잘지라 … 내가
> 그들과 화평의 언약을 세워서 영원한 언약이 되
> 게 하고 또 그들을 견고하고 번성하게 하며 내
> 성소를 그 가운데에 세워서 영원히 이르게 하리
> 니(겔 34:25; 37:26).

그리고 뒤늦게 이사야의 전승은 샬롬의 실행을 복음의 핵심 선언과 동일시했다.

> 좋은 소식을 전하며 평화를 공포하며 복된 좋은
> 소식을 가져오며 구원을 공포하며 시온을 향하
> 여 이르기를 네 하나님이 통치하신다 하는 자의
> 산을 넘는 발이 어찌 그리 아름다운가(사 52:7).

이 이상들은 초라한 역사적 현실 너머를 내다본다. 이 옛날 말씀들은 땅 위의 현실과 반대되는 가능성들을 반복했다. 결국 믿음의 소망은 그 이상이 현실을 바꾸어 놓을 것이며, 사람을 미혹하는 거짓된 정치 선동에 불과한 말들은 극복될 것이라는 점이다. 그렇게 극복하는 것이 "우리의 더 나은 천사들"(our better angels)에 대한 반응이었을 것이다.

3. 회복과 변화를 가져오는 예수님의 평강

기독교 전승에서는 현실과 이상의 갈등은 나사렛 예수 안에서 극복될 것이라고 예상하고 고백한다. 예수님은 "평강의 왕," 즉 평강을 가져올 책임을 가지시며, 그렇게 할 수 있는 "왕의 아들"의 명령을 완수하시기 때문이다.

그러나 우선 예수님은 왕이 아니다. 수많은 사람들이 소리 높여 예수님을 다윗과 연결시키며, 예수님을 왕으로 만들려고 했다. 그러나 예수님은 그 호칭을 불편하게 여기시며, 어쨌든 예수님은, 굉장한 지명도가 없는, 가장 비천한 장소들 중에서도 가장 비천한 나사렛 출신이시다(요 1:49-51).

그러나 그보다 더 중요한 것은 예수님이 생물학적인 왕이 아니라 정치적인 왕이라고 아무리 주장한다 해도, 예수님은 기대했던 왕이 아니라는 점이다. 예수님의 통치 개념은 로마 제국의 통치 방식과 확연하게 반대되었기 때문이다.

로마 제국에서 "평강의 왕"은 패자에게 평화를

강요하고, 그들의 무기를 빼앗아 불태워버리는 승자였다. 그것은 미국을 포함해서 어떤 제국에서든 마찬가지다. 물론 평강을 이루는 방법으로 그런 폭력적인 행동을 취하는 예수님을 상상하는 것은 불가능하다.

그래서 만약 우리가 예수님을 "평강의 왕"이라는 호칭으로 부를 수 있다면, 그것은 이사야 신탁의 옛 기대와 반대되는 의미에서일 것이며, 로마의 소망과 반대되며, 평강의 왕에 대한 미국의 기대와도 반대되는 의미일 것이다. 예수님이 시작하고 증진시킬 평강은 인간의 이해를 넘어서는 평강이자, 평범한 기대에 도전하는 평강이며, 자신의 방식을 강요하지 않는 약함 가운데 얻어지는 평강일 것이다.

약함을 통한 평강이 제국을 뒤흔든다!

그 이유로 우리는 "왕"과 "평강"이라는 단어의 이상한 조합에 대해서 생각해 보아야만 한다. 왜냐하면 그가 생각하는 "평강"의 개념은 "왕"에 대한 일반적인 어떤 개념과도 대척점에 서기 때문이다.

그러나 그럼에도 불구하고 예수님은 평강의 기치(agenda)로부터 물러나지 않으며, 예수님이 실현할 평강은 "정상적인" 범주, 즉 제국의 범주 안에서는 받아들일 수도, 해석할 수도, 이해할 수도 없다고 말씀하실 뿐이다. 과연 예수님이 "평강의 왕"이 어떻게 되실 수 있는지 볼 때, 누가복음에 기록된 다음의 내용들은 아주 큰 깨달음을 주는 강력한 도구라는 생각이 든다.

일찍이 베들레헴 이야기에서 "왕의 탄생"(royal birth)을 선포하는 하나님의 사자들, 즉 천사들은 그 왕을 통해 땅에 평화가 올 것을 기대한다(눅 2:14). 초대교회가 로마의 하수인인 헤롯이 예수님을 죽이려고 했던 사실을 기억했던 것은 당연하다. 왜냐하면 헤롯은 자신이 다스리는, 팍스 로마나(*Pax Romana*)에 의해 실행된 현 상태에서 볼 때, 예수님이 아주 위험하고 위협적인 존재임을 내다보았기 때문이다.

베들레헴 이야기가 형성된 방식을 감안할 때, 천사들은 이것이 관습적 탄생이나 관습적 왕이 아님을 명확하게 한다. 이는 모든 일반 범주를 거부하게 될 하나님의 평강의 수행자인 것이다.

기적적인 변화 이야기들로 진행되는 예수님의 사역

은 건강한 창조질서의 회복과 관련 있다. 예수님의 행동은 오직 한 개인에게만 관심을 갖는 특징이 있으며, 주된 전략이 없는 것으로 보인다. 하지만 이 개별 행동들은 본질적으로 체제 전복적이며 로마에 대한 위협으로 인식하도록 만든다.

예수님이 변화받은 사람들을 보내면서 축복하시며 "평강"이라고 말씀하실 때, 그것은 단순한 작별의 말이 아니라, 그 이상의 것이다. 그것은 사실 그 특정한 경우 안에 창조물의 평강의 질서(shalom-order of creation)가 회복되었다는 인식이다. 그래서 "죄 많은 여인"을 용서하시면서, 예수님은 "네 믿음이 너를 구원하였으니 평안히 가라"고 말씀하실 수 있는 것이다(눅 7:50).

의사들에게는 도움을 받지 못했지만 "즉시 병 고침을 받은" 여인을 보내실 때에도, 예수님은 동일하게 "딸아 네 믿음이 너를 구원하였으니 평안히 가라"는 말씀으로(눅 8:48) 축복하셨다.

예수님은 자신이 샬롬을 이루었던 것처럼, 제자들도 평강을 실현할 것으로 기대하셨다. 예수님은 이렇게 말씀하셨다.

> 어느 집에 들어가든지 먼저 말하되 이 집이 평안할지어다 하라 만일 평안을 받을 사람이 거기 있으면 너희의 평안이 그에게 머물 것이요 그렇지 않으면 너희에게로 돌아오리라(눅 10:5-6).

예수님의 제자들은 평안을 가져와야 한다. 그들은 "평안을 받을" 사람을 찾아야 한다. 제자들은 평안을 받을 사람들에게 평안이 머물게 해야 한다.

이 말씀들은 평안이 아주 구체적이고 개인적이며 관계적인 거래여서, 제자들이 나누어 주는 평안은 사람과 사람 사이에 일어나는 일이며, 제국의 관습적 기대를 넘어서는 것임을 말해 준다.

가장 놀라운 것은, 예루살렘으로 인해 눈물을 흘리신 이야기에서 예수님은 그 성에 무슨 일이 일어날지를 아시기에 우신다는 점이다. "또 너와 및 그 가운데 있는 네 자식들을 땅에 메어치며 돌 하나도 돌 위에 남기지 아니하리니"(눅 19:44)라고 말씀하셨기 때문이다. 그 예상은 로마의 파괴에 대한 분명한 언급이다.

그러나 이 예상에 대한 서막은 그것은 다를 수도 있었을 것이라는 사실을 인정한다. "이르시되 너도 오늘 평화에 관한 일을 알았더라면 좋을 뻔하였거니와 지금 네 눈에 숨겨졌도다"(눅 19:42)라고 말씀하셨기 때문이다.

일이 다르게 전개될 가능성은 평화를 만드는 것들을 아는 것에 달려 있다. 여기 예수님의 간결한 말씀은 평강을 만드는 것들이 무엇인지 밝히지 않는다. 그러나 예수님이 행하신 더 큰 평화를 주시는 이야기들에서 그것들이 나온다.

평강은 용서하는 능력을 필요로 한다. 평강은 후하게 나눌 준비가 되어야 함을 것을 요한다. 평강은 사회의 엄격한 계급 구분을 타파할 것을 요한다. 평강은 약자와 갖지 못한 자들에 대해 관심을

> 제국은 평강을 이루는 일들을 거부하며, 적의와 공격성과 탐욕과 갈등과 폭력의 사회를 만들어낸다.

가질 것을 요한다. 평강은 높아질 수 있을 때 겸손할 것을 요구하며, 첫째가 되기를 고집하는 사람들 중에서 꼴찌가 되고 이웃의 유익을 위해 자신을 부인할 것을 요구한다.

이것들은 예수님의 사회에서 예수님의 존재 특징이 되었던 모든 관행들이다. 무엇보다도 그것들은 제국의 관습적 가정과 대치되는 관행들이다. 제국은 다음과 같다.

① 용서는 없다.
② 후한 나눔은 없다.
③ 사회 계층의 타파는 없다.
④ 약자와 가지지 못한 자에 대한 관심은 없다.
⑤ 높아질 수 있을 때 겸손이란 없다.
⑥ 첫째를 추구하는 세상에서 기꺼이 꼴찌가 되려는 일은 없다.
⑦ 이웃의 유익을 위한 자기 부인은 없다.

당연히 제국은 평강을 이루는 일들을 거부하며,

적의와 공격성과 탐욕과 갈등과 폭력의 사회를 만들어낸다.

예수님이 만드시는 평강의 경이(wonder)는 예수님이 특정한 경우에 반-평화적인 제국의 능력을 깨는 표적으로서 행하시는 일이다. 예수님이 예루살렘 때문에 눈물을 흘리신 것은 예수님 당대의 유대인들이 제국의 힘에 유혹당해, 홀려있었다는 인식이다.

예수님이 로마 총독 앞에 섰을 때, 빌라도가 예수님을 이해할 범주를 갖고 있지 않았던 것은 당연하다. 예수님의 말씀처럼, "내 나라는 이 세상에 속한 것이 아니기"(요 18:36) 때문이다. 즉, 예수님의 나라는 무서운 다툼에서 오는 것이 아니기 때문이다. 진리에 대한 논쟁으로 빌라도와의 만남이 끝날 때, 제국 총독은 제국의 권력과 상충되는 진리의 방식을 이해할 수 없었기에 어리둥절해한다.

예수님이 부활하고 제자들 사이에 나타나셨을 때, 예수님이 "너희에게 평강이 있을지어다"(눅 24:36)라고 인사하신 것은 놀랍지 않다. 제4복음서는 예수님이 "너희에게 평강이 있을지어다 … 너희에게 평강이 있을지어다 아버지께서 나를 보내신 것같이 나도 너희를 보내노라"라고 그 인사를 두 번 반복해서 기록한다(요 20:19-21).

그 마지막 공식은 관습적인 인사로서 "샬롬"을 넘어, 하나님으로부터 오신 예수님의 사명은 세상의 방식을 거부하는 "평강"임을 나타낸다. 그보다 더 나아가, 이제 예수님은 두려워하는 제자들을 보내시며, 진정한 평강을 위해 제국의 질서 개념에 맞서라고 하신다.

우리는 예수님을 "평강의 왕"으로 고백하도록 마음을 빼앗긴다. 그러나 우리는 이것이 일반적 평강(normal peace)이 아님을 인식하면서 그렇게 한다. 즉, 예수님이 가져오는 평강은 위험하고 체제 전복적이며, 모든 보통의 것과 반대된다.

대림절에 인식해야 할 것은 우리가 이사야의 예언적 신탁에서 기대하는 것이 고대 이스라엘의 기대와 심각하게 대치된다는 사실이다. 그것은 로마 제국을 신뢰했던 사람들과 유대인들을 비롯한 여러 사람들의 기대와도 심각하게 대치된다.

그리고 그것은 세상에서 우리 이익을 보장해주는

평강을 이루는 자를 기다리는 우리 사회의 기대보다 우선한다.

    태어나고, 왕관을 쓰고, 경배 받는 아기 그리스도는 순결하지만, 유치하지는 않다!

넷째 주

평강의 왕

1. 시작하는 기도

은혜가 풍성하신 하나님! 평강의 왕에 대해 묵상할 때, 세상과 우리의 삶 속에서 갈등과 죽음이 지배하는 모든 삶의 영역을 생각합니다. 정의와 평화를 위해 일하는 모든 사람들과 동행하여 주시고, 저희가 평강을 이루는 사람들이 되도록 인도해 주소서.

다시 오실 예수님의 이름으로 기도합니다. 아멘.

2. 묵상 질문

1) 이 장의 서론 부분을 읽고 왕 대신 "대통령"을 넣어보라. 이 문단이 우리의 시대 상황과 얼마나 잘 맞는가?

2) 왜 솔로몬 왕의 이름이 아이러니였는가?

3) 저자는 무기가 있는 한, 평화는 기껏해야 불안한 가능성에 불과한 것이 확실하다고 진술하고 있다.
무장해제의 모호함은 무엇인가?
사람들이 자발적으로 칼을 쳐서 보습을 만드는 대신, 강압에 의해 그렇게 하고 있다면, 무슨 일이 일어날 것인가?

4) 예수님은 그의 당대의 왕과 어떻게 달랐는가?

5) 제국에 저항하는, 평강을 이루는 자로서 당신은 다음과 같은 명령을 들은 후에 어떻게 실천하고 있는지 말해 보라.

   (1) 용서하는 삶을 사는가?

   (2) 후하게 나누고 있는가?

   (3) 계급의 구분을 타파하고 있는가?

(4) 약자와 갖지 못한 자들에게 관심을 가지고 있는가?

(5) 높아질 수 있을 때 겸손을 보이고 있는가?

(6) 첫째만을 지향하는 세상에서 꼴찌가 되려 하는가?

(7) 이웃의 유익을 위해 자신을 부인하는가?

6) 평화에 의해 구축된 세상을 묘사해 보라.

3. 마침 기도

평강의 왕이여! 다시 오셔서, 세상의 지도자들이 평화를 이루는 일들을 행하도록 만드소서. 그때까지 주님의 교회가 주님의 가치관으로 살면서, 주님의 평강의 나라를 세상에 전하도록 능력을 더하여 주소서.

다시 오실 예수님의 이름으로 기도합니다. 아멘.

대림절(Advent)

기독교에서 크리스마스 전 4주간 예수의 성탄과 다시 오심을 기다리는 교회력 절기이다. 대림시기, 대강절, 강림절로도 불린다. 어원은 오다(Adventus)라는 뜻의 라틴어에서 유래하였다. 교회력은 대림절로 시작하기 때문에, 한 해의 시작을 알리는 뜻도 있다. 대림절에 사용하는 예전색은 기다림을 뜻하는 보라색이며, 대림 제1주일은 11월 27일 - 12월 3일 사이의 주일(일요일)이다.

출처 - 위키백과